JN070441

きみを守る

「こども基本法」

2

ヤングケアラー

家族の世話や家事をしているきみへ

監修
喜多明人

はじめに

きみがこまったときの味方、子どものケンリ
— 「こども基本法」、子どものケンリでかいけつ！ —

きみはこれまで「こまったなあ」と感じたことはないかい？

みんなに合わせるのがにがてで、学校に行きたくないなあ…
と、こまっている子。
友だちから無視されてつらいなあ…
と、こまっている子。
友だちとあそびたいけれど、お母さんが病気で…
と、こまっている子。
お父さんが、罰として夕食を食べさせてくれない…
と、こまっている子。

そんな「こまっている子」にとって、強い味方があらわれたよ。
子どものケンリだ。

2

きみは、子どものケンリという言葉をきいたことがあるかい？

　子どものケンリは、子どもが幸せに生きていくうえで、守られることが当たり前のもの、社会でみとめられているものなんだ。

　世界の国ぐにが、この子どものケンリを守るよう申し合わせたのが「子どもの権利条約」だ。この条約では、さまざまな子どものケンリがみとめられているよ。自由に自分の意志で学ぶケンリ、あそぶケンリ、休むケンリ、いじめや虐待などの暴力から守られるケンリ…。

　2023年には、この条約を子どものみなさんにも広く知らせていくために、「こども基本法」ができた。この法律は、子どもにかかわることを決めるときに、子どもの意見がきかれること、子どもが自由に意見を言うこと、参加すること、そしてその意見が尊重されることなどを、国や都道府県、市区町村の役所にも求めたんだ。

　さあ、この本を読んで、子どものケンリを生かし、楽しく、安心して生活できるようにしていこう！

国連NGO・NPO法人子どもの権利条約総合研究所顧問
子どもの権利条約ネットワーク代表

喜多明人

もくじ

この本の見方

この本は、
いくつかのパートに
分かれています。

6ページから9ページまで

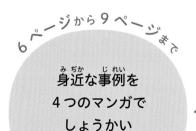

身近な事例を
4つのマンガで
しょうかい
しています。

10 ページから 33 ページまで

絵を大きくあつかった、見開きで1テーマのポイント解説です。24 ページでひとつの流れになっています。

34 ページから 39 ページまで

情報のページです。相談場所のしょうかい、「子どもの権利条約」のしょうかい、「こども基本法」のしょうかい、などがあります。

おばあちゃんが認知症に
にんちしょう
ハルトの場合
ばあい

おばあちゃん、待って！
ま

あなたはだれ？

ハルトだよ。おばあちゃん、どこへ行くの？
い

うちへ帰るの。
かえ

おばあちゃんのうちは、こっちだよ。ぼくと帰ろう。
かえ

ハルト！ おばあちゃん！よかった。見つかったのか。
み

うん、横断歩道にいたよ。
おうだんほどう

ハルト、ありがとう。お父さん、仕事行くから。おばあちゃんにご飯を食べさせてね。
とう　しごとい　はんた

わかったよ。行ってらっしゃい。
い

おばあちゃん、食べようよ。
た

わたし、うちへ帰らなきゃ…。
かえ

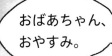

おばあちゃん、おやすみ。

うー～ん…。

どうしよう。ぼくがねているあいだに、おばあちゃんがいなくなったら。お父さんは夜勤だし…。ぼく、どうしたら、いいんだろう…。
とう　やきん

「こども基本法」を知っていますか？

「こども基本法」は、子どもみんなの幸せのためにつくられた法律です。

　　「子どもの権利」は、子どもが幸せに生きていくうえで、守られなければならないものです。

　　日本をふくめた世界じゅうの国ぐにが結んでいる「子どもの権利条約」では、さまざまな子どもの権利が示されています。暴力などから守られる権利、教育への権利（自分の意志で学ぶ権利）、あそぶ権利、そして、子どもにかかわるものごとが決められるときに「自分の意見を言う権利」も、そのひとつです。

「こども基本法」は、子どもの権利を守ることを目的に、ばらばらだった法律や政策をひとつにするためにつくられた法律です。この法律を進めるためにもうけられたのがこども家庭庁です。

　こども家庭庁は、「こども基本法」にもとづいて、子どもが安心してくらせるしくみづくりを進めています。大切なことを決めるときには、子どもの声をきかなければならないことも決められています。

　この巻では、おとなにかわって家族の世話をしているヤングケアラーとよばれる子どもたちについて取り上げています。どの子も気がねなくあそんだり勉強したりするためには、どうしたらいいのか、いっしょに考えていきましょう。

わたしはヤングケアラー？

「ヤングケアラー」という言葉をきいたことがありますか？

お手伝いはいいことだけど

　みなさんは家で料理やそうじ、せんたくをしたり、きょうだいの世話をしたりすることはありますか？

　お手伝いをして家の人を助けること、家族を気にかけることは、とても大切です。けれども、家事や家族の世話をすることで、宿題をする時間やあそぶ時間がなくなったり、そのことをつらく感じたりしていませんか？

ヤングケアラーとは

こども家庭庁では、「本当はおとながするべきとされている家事や家族の世話を、毎日のようにおこなっている子ども」を、ヤングケアラーとしています。

まだ子どもだけど家族を助けなきゃ

　家事や家族の世話は、おとなでなければむずかしいこともありますが、家の事情でそれを子どもがしていることがあります。こうした子どもたちは「ヤングケアラー」とよばれています。

　家族の世話をする子どもはむかしからいました。親孝行だね、と言われたり、近所の人などが助けてくれたりすることもありましたが、子どもがつらい思いをしていても、それが問題にされることはありませんでした。友だちとあそびたい、学校の勉強をしたい、休みたい、ねむりたい、こうした子どもにとって当たり前のこと（＝子どもの権利）が守られていないということに、社会が気づいたのは最近のことです。

ヤングケアラーがしていること

ヤングケアラーは、どんなことをしているのでしょうか？

いろんな場面で家族をささえている

こども家庭庁では、おもに家事やきょうだいの世話、病気の家族の見守りや世話などをしている子を「ヤングケアラー」としています。

また、ヤングケアラーは家事や家族の世話をすると同時に、病気などになやんでいる家族の話をきいてあげることもあります。

買い物・料理・そうじ・せんたくなどの家事

仕事でいそがしい親や病気の親にかわって、家事をする。

家族の身のまわりの世話

年下のきょうだい、障がいのある家族の身のまわりの世話をする。

家族の見守りをする

おさないきょうだいや、高齢のおじいさん、おばあさんなど、目をはなせない家族の見守りや声がけをする。通院にもつきそう。

病気の家族の看病

病気の家族を長期間看病している。

トイレやおふろの介助

ひとりでトイレやおふろを使うのがむずかしい家族の手伝いをする。

家族のなやみをきく

病気などで気持ちが落ちこんでいる家族のなやみや不安をきく。

コミュニケーションがむずかしい
家族の通訳

日本語が話せない親や耳が不自由な親にかわって、通訳をする。

家計をささえるために働く

高校生になると、病気などで働けない親にかわり、働く子どももいる。

家族の世話をしている 子どもはどれくらいいるの？

日常的に家族の世話をしている子どもが、
けっして少なくはないことが、アンケート調査から、わかっています。

あなたのクラスにも ヤングケアラーはいる

　令和2年度、3年度に厚生労働省が文部科学省と連携しておこなったアンケート調査では、「世話をしている家族がいる」と答えた人は、小学6年生では15人に1人、中学2年生では17人に1人にのぼりました。どちらの場合も、1クラスに1人〜2人くらいの割合でヤングケアラーがいることになります。

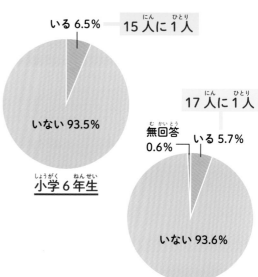

世話をしている家族はいる？

いる 6.5%
15人に1人
いない 93.5%
小学6年生

17人に1人
無回答 0.6%
いる 5.7%
いない 93.6%
中学2年生

＊出典では、合計が 100%になりません。

だれの世話をしている？

世話をしている家族がいると答えた小中学生の多くが、きょうだいの世話をしています。また、それぞれ20%以上の子どもが、お父さんやお母さんの世話をしています。

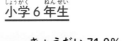

小学6年生

きょうだい 71.0%

父母 33.0%

祖父母 15.8%

その他 1.9%

無回答 5.7%

中学2年生

きょうだい 61.8%

父母 23.5%

祖父母 14.7%

その他 3.8%

無回答 9.4%

＊複数回答のため、合計が100％になりません。

いつから世話をはじめたの？

小学校に入る前から家族の世話をはじめた子もいます。

＊小学校入学前は～6歳、小学校低学年は7～9歳、小学校高学年は10～12歳の数値。

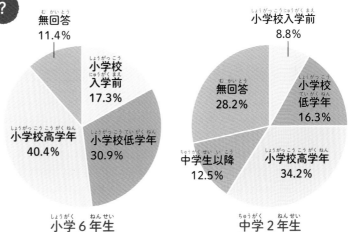

小学6年生

無回答 11.4%
小学校入学前 17.3%
小学校低学年 30.9%
小学校高学年 40.4%

中学2年生

小学校入学前 8.8%
小学校低学年 16.3%
無回答 28.2%
小学校高学年 34.2%
中学生以降 12.5%

どのくらいの時間世話をしている？

小学6年生の場合は平均して平日1日あたり2.9時間、中学2年生の場合は平均して平日1日あたり4時間を家事や家族の世話についやしています。

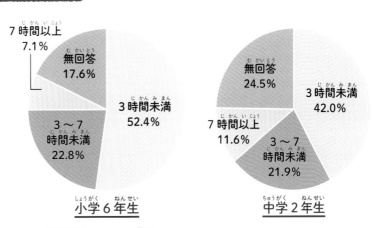

小学6年生

7時間以上 7.1%
無回答 17.6%
3時間未満 52.4%
3～7時間未満 22.8%

中学2年生

無回答 24.5%
3時間未満 42.0%
7時間以上 11.6%
3～7時間未満 21.9%

＊複数回答のため、合計が100％になりません。

出典：小学6年生：令和3年度『ヤングケアラーの実態に関する調査研究報告書』65、71、72ページ（厚生労働省）より
　　　中学2年生：令和2年度『ヤングケアラーの実態に関する調査研究報告書』92、96、97ページ（厚生労働省）より

家族はこれから
どうなっちゃうの？

ヤングケアラーは、ひとりでかかえこんでも解決できない、
むずかしい問題をかかえています。

自分が知らないあいだに、
知的障がいのあるお兄ちゃんが
トラブルに巻きこまれたら、
と思うと心配に。
親が死んだら、自分がお兄ちゃんを
守らなければならない。

おじいちゃんが認知症になり、
予想のつかない行動をとるようになった。
あてもなく外を歩くこともある。
迷子になったり事故に巻きこまれたり
したらどうしよう。

お母さんの病気がなかなかよくならない。
もっと悪くなったらどうしよう、
学校に行っているあいだに何かあったら
どうしよう、と不安になる。

家族と幸せにくらしたいのに

　ヤングケアラーの多くが、家族のことをいつも心配しています。とてもふくざつで、ひとりでは解決できない問題をかかえていることが多く、ゆううつな気持ちでくらしている子もいます。

外国出身のお母さんは日本語がわからないことがある。
自分は日本語がわかるけれど、うまく通訳できないときがある。
そのせいでお母さんがこまっているのを見るとつらい。

お父さんが心の病気になり、話をきいてくれなくなった。
急に傷つくようなことを言われたり、たたかれたりすることもある。
でも、自分がついていてあげなきゃ、と思う。

お母さんが病気がちで仕事をよく休むから、家にお金がない。
夕飯は食べないでがまんしている日もある。
お母さんに楽をさせてあげたいけど、まだ小学生だから働けない。

やりたいことも
あきらめなきゃいけない？

家族の世話をしている子どもは、どんな気持ちでいるのでしょうか？

家族は大切だけれど…

ヤングケアラーのなかには、大切な家族をささえることにやりがいを感じている子や、家事や家族の世話をするのが当たり前と考えている子が多くいます。

そのいっぽうで、モヤモヤした気持ちを感じている子もいます。

友だちとあそびたい

友だちからあそぼうとさそわれても、きょうだいの世話があるから早く帰らないといけない。
つきあいが悪いと思われて、近ごろは友だちの輪のなかに入りにくい。

心やからだがつかれていても、「大切な家族の世話をつらいと思うのはいけないことだ」と思う子もいます。

勉強する時間と場所がほしい

おさないきょうだいをむかえに行き、
お母さんが帰ってくるまで
料理や片づけをしている。
宿題をする時間も場所もなくて、
授業についていくのがたいへん。

将来どうなるんだろう？

ムリかな…

なるべく病気のお母さんのそばに
いてあげたいから、高校や大学に
進学するのはむずかしいと思う。
おとなになってもずっと
介護をしてすごすのかな。

何だかつかれる

心もからだも休まる時間が少なくて、
いつもつかれている。
朝起きられずにちこくしたり、
学校を休んだりしてしまう。
授業中もいねむりしちゃうし。

でも、休むことやあそぶことは、

子どもにとって

当たり前の権利です。

だれにも相談できない

ヤングケアラーの多くが、モヤモヤとした気持ちを
ひとりでかかえています。

だれにも相談しない子が多い

　厚生労働省のアンケートでは、家族の世
話をしている子どもの大半が、だれにも家
族のことを相談したことがないと答えてい
ます。

　その理由は「相談するほどのなやみでは
ないと思った」というものがもっとも多く、
「相談しても何も変わらない」「家族のこと
を話したくない」という答えもあります。

大好きなお母さんが
病気なんだもの。
自分が世話をするのは
当たり前。

わたしは
「かわいそう」
じゃない。

だれかに
言ったって何も
変わらないし。

話してみたけれど…

アンケートで「だれかに相談したことがある」と答えた子どもに「だれに相談したか」とたずねたところ、「家族」という答えが半分以上をしめました。その次に多かったのは「友だち」でした。

友だちに話して気持ちが楽になったという子がいるいっぽう、「話さなければよかった」と後悔する子もいます。

でも、子どもには、こまっていることをまわりのおとなに助けてもらう権利があります。

すぐに話題を変えられ、わかってもらえなかった。

ふーん、そうか。でさ…。

かわいそう！

お母さんは何やってんの？

家族のことを悪く言われてしまった。

特別な目で見られ、自分がみじめに感じた。

話さなきゃよかった。

友だちが元気ないなと思ったら

あなたの友だちのなかにも、もしかしたらヤングケアラーがいるかもしれません。なやんでいる本人は、それをなかなか言葉にできないものです。あまり根ほり葉ほりきかず、でも友だちが話してくれたら、耳をかたむけてあげましょう。そして「話してくれてありがとう」と伝えましょう。きいたことをほかの友だちにむやみに話さないほうがいいでしょう。でも、もしも友だちが助けをほしがっていたら、いっしょに学校の先生などのところに行ってあげるといいかもしれません。

味方になってくれる おとなもいるの？

家族の世話をしている子の多くが、相談してもむだだと思っています。けれども、味方になってくれる心強いおとなもいます。

話したいことだけ話せばいい

「この人に会うとほっとする」というおとなはいませんか？　あなたがいま、家族のことでなやんでいるなら、「つかれている」「不安だ」ということを伝えることで、なやみを解決する糸口が見つかることがあります。話しにくいことは無理に話さず、話したいことだけを話せばいいのです。

保健室の先生

からだがだるくて…。ここで休んでいてもいいですか？

スクールカウンセラー

家族が病気で…。

スクールカウンセラーとは
スクールカウンセラーは、学校で児童・生徒の心理的な相談にのってくれる人です。

子どもの権利だから
社会が助けてくれる

子どもの権利を守るために、
社会が親や家族のことをささえてくれます。

いっしょに家族をささえてくれる人がいる

　　社会には、「福祉制度」によって、病気の人やお年より、障がいのある人、ひとりで子育てをしている人などをささえるしくみがあります。おおぜいの人がその制度にささえられて生きています。

　　いまあなたがひとりで家族の世話をしているのなら、こうしたしくみを利用することも考えてみましょう。市区町村ごとに福祉制度の窓口があります（→ 35 ページ）。手続きがむずかしいこともあるので、親せきの人や、ほかのたよれるおとな（→ 24 ページ）に手伝ってもらうとよいでしょう。

これまで、心の病気をかかえるお母さんの
なやみをひとりできいていたけど、
学校の先生から保健センターを
しょうかいしてもらった。

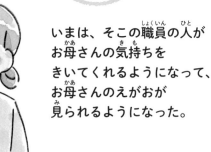

いまは、そこの職員の人が
お母さんの気持ちを
きいてくれるようになって、
お母さんのえがおが
見られるようになった。

これまで、お母さんがいないとき、
弟のめんどうを見ていて、宿題をする時間もなかった。
子ども食堂の人がお母さんに、夜間も小さい子を
あずかってくれる場所があることを教えてくれた。
そのおかげで、市が無料で開いている
勉強会に参加できるようになった。

両親が仕事で家にいないとき、
ひとりでおじいちゃんの世話を
していることを
スクールソーシャルワーカーに
相談したら、福祉制度を
利用できるようになった。
いまでは、看護師や
ホームヘルパーが来て、
薬の管理や入浴を手伝って
くれるようになった。

＊市区町村によって受けられる制度の内容はちがいます。

家族の世話を休んでもいいし、あそんでもいいんだ

本当は友だちとあそびたい、勉強したい、という気持ちを大切にしましょう。それが子どもの権利なのです。

休むことやあそぶことは、大切な権利

病気や障がいのある家族の世話をしている子どもは「家族がつらいのだから、休みたい、あそびたいと思ってはいけない」と考えてしまうことがあります。

けれども、心もからだも発達とちゅうの子どもが元気に成長するには、休むことやあそぶことも大切です。また勉強をすることで、生きていくうえで必要な知識を身につけたり、自分の能力を高めたりすることができます。

子どもの権利条約

子どもには健康に生きる権利（24条）、休んだりあそんだりする権利（31条）、教育への権利（28条）があります。

自分のことを大切に

　いま家族の世話をして、家族からたよりにされている子どもは、「自分がそばにいなければ、家族がたいへんなことになってしまう」と思い、自分で全部やろうとしているかもしれません。

　けれども、子どもが元気に成長するためには、いましかできないこともあります。やりたいことをすべてあきらめることはありません。あなたがもし家族の世話をしているのなら、その時間を、もう少し自分のために使いませんか？

ヤングケアラーをささえる輪

「こども基本法」が施行されて、全国でヤングケアラーをささえようという動きが広まっています。

子どもにとってよいことは？

2023年に「こども基本法」が施行されたことで、全国の市区町村がヤングケアラーをささえるしくみをつくろうとしています。しくみづくりをするおとなたちは、子どもたち本人の意見をきき、子どもにとって「もっともよいこと」をめざすことになっています。

子どもの権利条約

おとなが子どもに関することを決めるときは、子どもにとって何がもっともよいかを考えて決めなければなりません（3条）。子どもはおとなから自分の意見を求められ、それを言う権利があります（12条）。

先輩ヤングケアラーの体験をきく

　子どものころヤングケアラーだった人がおとなになり、かつて自分が経験したのと同じ思いをしている子どもたちにむけて、自分の体験を語ったり、交流する機会をつくったりしています。同じような体験をしたおとなの話をきいたり、その人たちに自分の話をきいてもらったりして、気持ちが楽になる子や、将来に希望を見つける子もいます。

お母さんの具合が悪くて、
学校にいるときも心配で
授業に集中できなかった。
同じような経験をした人から
「もっと自分のことを考えていいんだよ」
と言ってもらえて、気持ちを
切りかえられるようになった。

親が死んだら、障がいがある弟を
ひとりでめんどう見なければと
思っていた。
でも障がいのある人がくらせる
施設があることを教えてもらって、
気持ちが楽になった。
自分は将来何がやりたいのか、
考えてみようと思う。

がまんしなくていい。

夢はあきらめなくていい。

つらいとき、こまったときは、まわりをたよろう。

もし友だちが
ヤングケアラーだったら

クラスに、気になる子がいるんだ。
授業中にいつも、いねむりをしている子。

授業がおわると、急いで帰っちゃうから、
事情はよくわからないんだけど…。
うわさでは、家の人の具合が悪くて、
いろいろ家のことをしなくちゃならないらしい。

今度、休み時間に話しかけてみようかな。

家のこと、手伝っているの、えらいね。
何かこまっていることない？とか…。
あの子がいやな気持ちにならないように
気をつけながら、話してみたいな。

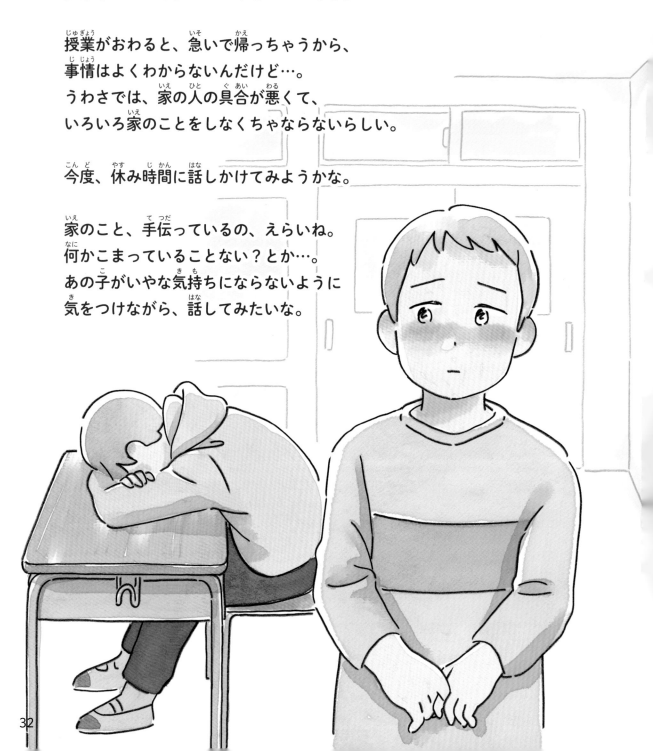

自分も、ヤングケアラーに なるかもしれない

もしも、お母さんやお父さんが
病気になったり、ケガをして働けなくなったり、
ねたきりになったりしたら、どうなるんだろう。
わたしたち子どもが、家のことをしなくちゃならないよね。

わたしも、いつヤングケアラーになるかわからない。

このあいだ、児童館の先生は、
子どもは、つらいときはつらいって言っていいし、
世の中のおとなたちは、
それを助ける義務があるって言っていた。
それって、もしわたしがヤングケアラーになったら、
まわりのおとなが助けてくれるってことだよね。

きみの居場所を見つけよう

なやみをきいてほしい

　身近に相談できる人がいないときは、次の電話番号にかけると、だれにも知られずに、話をきいてもらうことができます。

24時間子供SOSダイヤル
（文部科学省）

電話　☎0120-0-78310

受付時間　365日／24時間

電話をかけた場所から近い教育委員会の相談窓口につながります。ひとりでは解決がむずかしい、さまざまななやみをきいてもらえます。

チャイルドライン

電話　☎0120-99-7777

受付時間　年末年始をのぞく
　　　　　毎日／16:00～21:00

全国にいるボランティアのおとなが話をきいてくれます。「何を相談したらいいかわからないけれど、だれかと話したい」というときでも対応してくれます。ホームページからチャットでも相談ができます。

こどもの人権110番
（法務省）

電話　☎0120-007-110

受付時間　月～金（祝日・
　　　　　年末年始をのぞく）／
　　　　　8:30～17:15

家族のなやみなど、こまったことについて、相談にのってくれます。ホームページからメールアドレスを登録すると、メールで相談することができます。LINEでの相談もできます。

児童相談所
相談専用ダイヤル

電話　☎0120-189-783

受付時間　365日／24時間

児童相談所は子どものすこやかな成長を願い、全国に置かれている相談機関です。近くの児童相談所につながり、さまざまな相談をきいてくれます。子どもも相談できます。

ささえてくれる人や制度を見つけたい

次のような場所で、さまざまな福祉制度や家族をささえてくれる人の助けをかりることができます。

＊市区町村によって受けられる支援の内容がちがうことがあります。

子ども家庭支援センター

市区町村の子どもと家庭にかかわる総合相談窓口です。18歳未満の子どもや子育て家庭についてのあらゆる相談に応じるほか、ショートステイなどの子ども家庭在宅サービス、子育てサークルや地域ボランティアの育成などをおこなっています。児童相談所と連携して児童虐待の防止にも取り組んでいます。

自治体の役所

さまざまな福祉制度の窓口が集まっています。生活が苦しいときにささえてくれる制度や、障がいのある人、小さい子どもがいる人をささえてくれる制度などを案内してもらうことができます。

保健センター

心の病気などになやんでいる人の話をきいてくれたり、ささえてくれる専門の機関をしょうかいしてくれたりします。

地域包括支援センター

お年よりの介護でなやむ人の相談にのってくれます。介護を手伝ってくれる福祉制度の案内もしてくれます。

それぞれの機関が協力しあって、ヤングケアラーをささえているよ。

地域で活動する団体

子ども食堂や無料で勉強を教える学習会を開いている団体が、全国各地にあります。

「子どもの権利条約」を知ろう

子どもの権利は世界共通

「子どもの権利条約」は 1989 年に国際連合で採択されました。いまでは日本をふくむ世界の 196 の国と地域がこの条約を結んでいます。

子どもの権利は大きく 4 つに分類することができます。

生きる権利

健康に生きる権利（24 条）（→ 28 ページ）はここに入るよ。

住む場所や食べ物があたえられる。病気やけがをしたときは治療を受けて命が守られる。

育つ権利

教育への権利（28 条）（→ 28 ページ）、休む権利やあそぶ権利（31 条）（→ 28 ページ）はここに入るよ。

勉強をしたり、あそんだりして、能力を高めながら健康に成長する。休みたいときは休むことができる。

守られる権利

戦争や暴力から守られる。住む場所を失った子は安全なところで守られる。強制的に働かされたり、危険な仕事をさせられたりしない。

参加する権利

自由に意見を言ったり、同じ考えをもつ子とグループをつくって、社会にうったえたりすることができる。

意見を言う権利（12 条）（→ 30 ページ）はここに入るよ。

「子どもの権利条約」についてくわしく知りたい人は、このサイトですべての権利に関する条文が見られるよ。

「子どもの権利条約」第 1 〜 40 条 日本ユニセフ協会抄訳
https://www.unicef.or.jp/kodomo/kenri/pdf/CRC.pdf

4つの原則

「子どもの権利条約」のなかで、とくに重要とされている4つの条文をしょうかいします。これは「子どもの権利条約の原則」といわれています。

第2条
差別の禁止

すべての子どもは、本人や親の人種、国籍、性別、宗教、障がい、経済状態、意見などによって差別されない権利をもっています。

第3条
子どもの最善の利益

すべての子どもは、国やおとなが子どもに関することを決め、おこなうとき、「何が子どもにとってもっともよいことなのか」を考えてもらう権利をもっています。

第6条
生きること、成長することについての権利

すべての子どもは命が守られ、もって生まれた能力をのばしてすこやかに成長できるようにさえられます。医療や教育を受けるための支援、生活するための助けが得られます。

「こども基本法」では、この権利をとても大切にしているよ。

第12条
意見を言う権利

子どもは、自分に関係のあることについて、自分の意見を自由にあらわす権利をもっています。おとなは子どもの発達の段階に応じて、子どもの意見を生かせるように十分に考えなければなりません。

教えて！「こども基本法」

子どもって何歳までをいうの？

「子どもの権利条約」では、18歳未満の人を「子ども」としています。けれども、さまざまな事情によって、18歳をすぎても、心やからだがおとなになりきれていない人もいます。「こども基本法」では、18歳未満の子どもだけでなく、心身が発達のとちゅうにあるひとを「こども」とよんでいます。

「こども基本法」ができてどんなことが変わったの？

国や都道府県、市区町村は、「こども施策」をつくるときには、かならず、子どもの意見を反映しなければならなくなりました。つまり、おとなの考えで一方的に決めるのではなく、子どもにとってもっともよいことを考えて決めます。

いままで、子どものための法律はなかったの？

これまでも、いじめや虐待から子どもを守るための法律などはありましたが、ばらばらにつくられていたため、子どもの権利が十分に守られているとはいえませんでした。「こども基本法」は、「子どもの権利条約」にもとづいて、ばらばらだった法律をひとつにまとめ、子どもの幸せを大切にしようとつくられた、日本ではじめての法律なのです。

どんなことが「こども施策」になるの?

たとえば、家が生活にこまっていて進学できない、家族をささえるために休んだりあそんだりする時間がないなど、家庭のなかで子どもの権利が十分に守られていない場合は、社会全体でささえるしくみをつくらなくてはなりません。そのために、学校や病院、地域のおとななど、子どもにかかわるすべての人が協力しあいます。子どもを育てている人をサポートするために相談窓口をつくったり、働きやすい環境をつくったりすることも考えられます。

子どもはどうやって意見を伝えたらいいの?

子どものみなさんからは、意見箱やアンケート、インターネットという方法があがっています。「こども施策」づくりにかかわるおとなも、子どものもとを訪ねて意見をきいたり、会議に子どもをまねいたりすることや、子ども自身がインターネットを通じて自治体に意見を送ったり、自治体のアンケートに答えたりする方法を実施しているほか、もっとみなさんが伝えやすい方法を模索しています。どんな方法でもいいので、意見を出しましょう。勇気を出して、対面で発言することも大切です。

子どもが意見を言ったら「わがまま」って言われない?

たしかに、おとなから見て小さな子どもは、意見を言っても、おとなと同じように受け止めてもらえないことがあります。けれども、「こども基本法」ができたことで、子どもにもおとなと同じ権利があることが、はっきりとみとめられたのです。子どもが意見を言うことは、「こども基本法」で決められた、子どもの権利なのです。

監 修

喜多 明人（きた あきと）

1949年東京都生まれ。早稲田大学名誉教授。国連NGO・NPO法人子どもの権利条約総合研究所顧問。子どもの権利条約ネットワーク代表。多様な学び保障法を実現する会共同代表（2021年9月まで）。学校安全全国ネットワーク代表。主な著書に『まんがで学習－よくわかる「子どもの権利条約」事典』（あかね書房）、『みんなの権利条約』（草土文化）、『人権の絵本 3巻 それって人権？』『人権の絵本 4巻 わたしたちの人権宣言』（ともに大月書店）、主な監修書に『人権ってなんだろう』（汐文社）、『楽しい調べ学習シリーズ 子どもへのハラスメント－正しく知って、人権を守ろう』（PHP研究所）などがある。

編 集　永田早苗
執筆協力　野口和恵
イラスト　水元さきの
デザイン　周 玉慧
校 正　村井みちよ

参考文献・動画
「ヤングケアラーがよくわかる本」飯島 章太（秀和システム）
「『ヤングケアラー』とは誰か　家族を"気づかう"子どもたちの孤立」村上 靖彦（朝日新聞出版）
「みんなに知ってほしいヤングケアラー　ヤングケアラーってなんだろう？」監修：濱島淑恵／協力：黒光さおり（ポプラ社）
「みんなに知ってほしいヤングケアラー　きみの心を守るには」監修：濱島淑恵／協力：黒光さおり（ポプラ社）
―ヤングケアラー「ほんとのきもち」― https://youtu.be/iKYgIm3HvlQ?si=d6W3XFyZb-2YLDD5（厚生労働省）

きみを守る「こども基本法」2
ヤングケアラー　家族の世話や家事をしているきみへ

2024年2月　初版第1刷発行

監 修　喜多 明人
発行者　三谷 光
発行所　株式会社 汐文社
　　　　〒102-0071　東京都千代田区富士見 1-6-1
　　　　電話 03-6862-5200　ファックス 03-6862-5202
　　　　URL　https://www.choubunsha.com
印 刷　新星社西川印刷株式会社
製 本　東京美術紙工協業組合

ISBN 978-4-8113-3122-5
乱丁・落丁本はお取り替えいたします。
ご意見・ご感想は read@choubunsha.com までお寄せください。